Michael Heinen-Anders
Gab es / gibt es
anthroposophische
Geistesforscher auch heute
noch?

Herstellung und Verlag: BoD - Books on Demand, Norderstedt

ISBN **9783750452732**

Inhaltsverzeichnis

Gab es / gibt es anthroposophische Geistesforscher auch heute noch?

Rudolf Steiner sah es als seine Aufgabe an, Geistesforscher auszubilden, auf die Bahn zu bringen, um damit in der anthroposophischen Bewegung für eine Kontinuität der Geistesforschung zu sorgen.

Doch es gelang ihm zu seinen Lebzeiten nicht das umzusetzen. Insofern blieb die anthroposophische Geistesforschung ein Torso.

„Die Aufgabe, die Rudolf Steiner sich selbst stellte bei der Übernahme des Generalsekretariats der Deutschen Sektion der Theosophischen Gesellschaft, charakterisierte er im Brief an Wilhelm Hübbe-Schleiden vom 16. August 1902 mit den Worten: «Ich will auf die Kraft bauen, die es mir ermöglicht, <Geistesschüler> auf die Bahn der Entwickelung zu bringen. Das wird meine Inaugurationstat allein bedeuten müssen.

Deshalb möchte ich in allem positiv sein.»" (Rudolf Steiner, GA 260a, S. 89)

Trotz einer nach Rudolf Steiners Tode negativen Kontinuität seiner Geistesforschung – so berief er keinen Nachfolger -, blieb diese aber nicht völlig brach liegend, zurück.

Es gab – meist lange nach seinem Tode - durchaus Nachfolger Rudolf Steiners, wenn auch in erheblich kleinerem Maße, als er sich das zu Lebzeiten wohl ursprünglich selbst gewünscht hätte.

Es begann aber schon recht früh, kurz nach Steiners Ableben, dass sich mit Valentin Tomberg ein neuer anthroposophischer Hoffnungsträger mit eigenständiger Geistesforschung zu zeigen begann. Die allermeisten Anthroposophen waren aber der felsenfesten Meinung, außer Rudolf Steiner könne niemand den von ihm aufgezeigten Schulungsweg souverän meistern. Dieses Missverständnis von R. Steiners ursprünglichem Anliegen zieht sich noch heute durch weite Teile der anthroposophischen Bewegung. Seitdem Tomberg[1] der anthroposophischen Bewegung, aufgrund der heftigen Ablehnung die seiner eigenständigen Geistesforschung entgegenschlug, den Rücken bot, gab es noch einige weitere Pioniere auf diesem Felde. Es lassen sich nennen: Jesaiah Ben Aharon[2], Heide Oehms[3], Willi Seiß[4], Hermann Keimeyer[5], Ralph Melas Große[6]

---

[1] Vgl. z.B. Valentin Tomberg:: Der VATERUNSER-Kurs, Bände 1 - 4 (Achamoth Verlag,Taisersdorf) 2010

[2] Vgl. z.B. Jesaiah Ben Aharon: Das spirituelle Ereignis des 20. Jahrhunderts. Eine Imagination, Vlg. am Goetheanum, Dornach 1993

[3] Vgl. z.B: Heide Oehms: Karma-Erkenntnis warum? Innere Entwicklung als Grundlage geistiger Fähigkeiten, Urachhaus Vlg.,, Stuttgart 1999

[4] Vgl. z.B. Willi Seiß: Chakra-Werk. Okkulte Unterrichtsbriefe. Der Weg der höheren Erkenntnisse auf der Grundlage der Chakra-Kunde. Loseblattausgabe. Achamoth, Owingen-Taisersdorf 1991ff und Okkulte Erkenntnisse über die Anthroposophische „Bewegung". Der innere Auftrag der Anthroposophie sowie der geistige Inhalt des „Neuen Christentums". Achamoth, Taisersdorf 2004

[5] Vgl. z. B. Hermann Keimeyer: Wie findet man die Meister in höheren Welten?, Selbstverlag, Stuttgart 1983 und „Rudolf Steiners Martyrium und Auferstehung", Selbstverlag, Owingen 1994

[6] Vgl. z.B. Ralph Melas Große: Meditative Studien zur Kaspar Hauser Forschung: Ein meditativer Studien- und Übungsweg für den

, Christiane Feuerstack[7], Iris Paxino[8], Dorian Schmidt[9], Karsten Massei[10], Wilfrid Jaensch[11] sowie Judith von Halle[12], Verena Stael von Holstein[13] und Jostein Saether[14].

Außeranthroposophisch war es Stylianos Atteslish, bekannter unter seinem

geistsuchenden Menschen des 20.und21.Jahrhunderts, BoD, Norderstedt 2019

[7] Vgl. z.b. Christine Feuerstack: Samenkörner: Karmische Bilder mit einer Einführung in die Karmaerkenntnis, Borbyer Werkstatt Verlag, 2006

[8] Vgl. z.b. Iris Paxino: Brücken zwischen Leben und Tod. Begegnungen mit Verstorbenen, Vlg. Freies Geistesleben, Stuttgart 2018

[9] Vgl. z.b. Dorian Schmidt: Lebenskräfte — Bildekräfte: Methodische Grundlagen zur Erforschung des Lebendigen. Einführung in die Bildekräfteforschung, Vlg. Freies Geistesleben, Stuttgart 2020

[10] Vgl. z.b. Karsten Massei: Botschaften der Elementarwesen, Futurum Vlg., Dornach 2012

[11] Vgl. z.b. „Wilfried Jaensch – ein moderner Geistesforscher", herausgegeben von Dietrich Spitta, Vlg. Ch. Möllmann, Borchen, 2012

[12] Vgl. z.b. Judith von Halle: Vom Mysterium des Lazarus und der drei Johannes, Vlg. für Anthroposophie, Dornach 2009 und „Der Abstieg in die Erdenschichten (auf dem anthroposophischen Schulungsweg)", Vlg. am Goetheanum, Dornach 2008

[13] Vgl. z.b. „Was die Naturgeister uns sagen – Im Interview direkt befragt". Flensburger Flensburger Hefte 79. Flensburger Hefte Verlag, Flensburg 2003

[14] Vgl. z.b. Jostein Saether: Wandeln unter unsichtbaren Menschen, Urachhaus Vlg., Stuttgart 1999

esoterischen Namen ‚Daskalos', welcher den Anthroposophen im Interview mit Günther Zwahlen (vgl. Günther Zwahlen: Daskalos – Ein Nachruf: In: „Das Goetheanum" Nr. 34 vom 3. Dezember 1995), Mut machte, Steiner auf seinen von ihm vorgelebten esoterischen Pfaden zu folgen.

Es wäre in meinen Augen halsbrecherisch für eine esoterische Bewegung, wie die Anthroposophie, wenn in allem nur auf den verstorbenen Meister gesetzt würde, nicht aber auf eigene Bemühungen, das dargebotene esoterische Material um eigene esoterische Forschungsergebnisse zu ergänzen (so auch der mir persönlich bekannte Anthroposoph Dr. Wolfgang Garvelmann in einem an Michael Eggert gerichteten Brief zur Verteidigung der Judith von Halle).

Daher möchte ich dazu ermutigen, sich auch auf rudimentäre, also wissenschaftlichen Ansprüchen nicht immer genügende, Forschungsergebnisse zumindest wohlwollend kritisch einzulassen.

All die genannten anthroposophischen Geistesforscher – außer Rudolf Steiner selbst – trafen in der anthroposophischen Bewegung auf starke Vorbehalte.

„Jeder der sehend werden will, muß drei Tugenden ausbilden, die er notwendig braucht. Erstens: Selbstvertrauen, er muß seiner selbst sicher sein. Zweitens: Selbsterkenntnis, er darf niemals davor zurückschrecken, seine Fehler zu sehen, und Drittens: Geistesgegenwart. Denn es trifft ihn manches auf dem astralen Plane, was zwar immer um uns herum ist, aber es ist etwas anderes, dies auch zu sehen. Deshalb müssen vor allen Dingen diese Eigenschaften ausgebildet werden, und es ist eigentlich ein Unfug, wenn durch irgendwelche Schulen oder Gesellschaften Menschen, ohne in dieser Weise geführt zu werden, zu Hellsehern gemacht werden." (Rudolf Steiner, GA 98, Seite 25).

Somit sind besondere Anforderungen an den hellsichtigen Geistesforscher zu stellen.

„Der, welcher Hellseher werden will, wird nie sagen, daß er nur das aufnehmen will, was er vorher geprüft hat, sondern er muß vollständig frei werden von allem Eigensüchtigen und muß alles erwarten von dem, was aus der Welt an ihn herantritt, und was man nicht anders bezeichnen kann als mit dem Worte «Gnade». Er erwartet alles von der Gnade, die erleuchtet. Denn wie erwirbt man hellseherische Erkenntnis? Nur dadurch, daß man alles ausschalten kann, was man jemals gelernt hat. Gewöhnlich denkt der Mensch: Ich habe mein eigenes Urteil. Er müßte sich aber sagen: Das besteht nur daraus, daß du auffrischst, was deine Vorfahren gedacht haben, oder was deine Triebe anregen und so weiter. Leer muß die Seele werden und ruhig warten können auf das, was sich aus der raum- und zeitfreien, ding- und tatsachenfreien, verborgenen, geheimen Welt an die Seele heranbegeben kann. Und nie dürfen wir glauben, daß wir an uns heranreißen können, was hellseherische Erkenntnis ist, sondern nur, daß wir in uns eine Stimmung reifen lassen, durch die wir entgegennehmen, was sich uns darbietet als Offenbarung oder Erleuchtung. So daß wir nie anders als von der Gnade, die an uns herantritt und uns etwas gibt, das erwarten können, was an uns herantreten soll." (Rudolf Steiner, GA 132, Seite 29) Wer die Gnade des Hellsehens in völlig wacher,vollbewußter Form zu erleben vermag, für diesen bedeutet sie eine besondere Gabe, die ihn zum Geistesforscher befähigen kann.

„Alles, was der Geistesforscher erkennt, das heißt ins Bewußtsein heraufhebt gerade von solchen Dingen, die in der Entwickelung der Menschheit liegen, das geht, auch wenn es nicht erkannt wird, bei den Menschen im Unterbewußten vor sich." (Rudolf Steiner, GA 188, Seite 22)

Gerade dies stellt aber einen Resonanzspiegel im äußeren dar, mit dem der Geistesforscher rechnen darf.

Im Grunde geht hier die Geistesforschung den selben Weg, den auch die äußere Wissenschaft notwendig beschreiten muss. Die Prinzipien der Mathematik, so mag man vielleicht entgegenhalten, kann theoretisch jeder Mensch von Grund auf aus sich selbst schöpfen; grundsätzlich mag das wohl stimmen, in der Praxis wird man damit aber kaum sehr weit kommen. Auch hier kann man nicht in rechtem Sinn aktuelle Forschung betreiben, ohne sich genügend Kenntnisse von dem verschafft zu haben, was bereits erforscht wurde. Tatsächlich kann das Erkenntnisstreben überhaupt niemals als Einzelunternehmung gedeihen, sondern muss als Gemeinschaftsunternehmen in historischer Kontinuität mit anderen Menschen betrieben werden, die in gleicher Richtung tätig waren und sind. Das gilt insbesondere auch für die Geistesforschung:

"Warum müssen wir uns denn eigentlich mit theosophischen Gedanken und Theorien beschäftigen, ehe wir selbst in der geistigen Welt etwas erleben können? Mancher wird sagen: Mitgeteilt werden uns die Resultate der seherischen Forschung; ich selbst kann aber noch nicht hineinschauen. Wäre es da nicht richtiger, wenn uns nicht hellseherische Forschungsergebnisse, sondern wenn vor allen Dingen uns nur gesagt würde, wie ich selbst mich zum Hellseher entwickeln kann? Dann könnte jeder ja selbst die weitere Entwickelung nachher durchmachen. - Wer außerhalb der okkulten Forschung steht, der mag glauben, daß es gut wäre, wenn nicht schon vorher von solchen Dingen und Tatsachen gesprochen würde. Aber es gibt in der geistigen Welt ein ganz bestimmtes Gesetz, dessen ganze Bedeutung wir uns durch ein Beispiel klarmachen wollen. Nehmen Sie einmal an, in irgendeinem Jahre hätte ein beliebiger, regelrecht geschulter Hellseher dies oder jenes in der geistigen Welt wahrgenommen. Nun stellen Sie sich vor, daß zehn oder zwanzig Jahre später ein anderer ebenso geschulter Hellseher dieselbe Sache wahrnehmen würde, auch dann, wenn er von den Resultaten des ersten Hellsehers gar nichts erfahren hätte. Wenn Sie das glauben würden, wären Sie in einem großen Irrtum, denn in Wahrheit kann eine Tatsache der geistigen Welt, die einmal von einem Hellseher oder einer okkulten Schule gefunden worden ist, nicht zum zweiten Mal erforscht werden, wenn der, welcher sie erforschen will, nicht zuerst die Mitteilung erhalten hat, daß sie bereits erforscht ist. Wenn also ein Hellseher im Jahre 1900 eine Tatsache erforscht hat, und ein anderer im Jahre 1950 so weit ist, um dieselbe wahrnehmen zu können, so kann er das erst, wenn er zuvor gelernt und erfahren hat, daß einer sie schon gefunden und erforscht hat. Es können also selbst schon bekannte Tatsachen in der geistigen Welt nur geschaut werden, wenn man sich entschließt, sie auf gewöhnlichem Wege mitgeteilt zu erhalten und sie kennenzulernen. Das ist das Gesetz, das in der geistigen Welt für alle Zeiten hindurch die universelle Brüderlichkeit begründet. Es ist unmöglich, in irgendein Gebiet hineinzukommen, ohne sich zuerst zu verbinden mit dem, was schon von den älteren Brüdern der Menschheit erforscht und geschaut worden ist. Es ist in der geistigen Welt dafür gesorgt, daß keiner ein sogenannter Eigenbrötler werden und sagen kann: Ich kümmere mich nicht um das, was schon vorhanden ist, ich forsche für mich allein. - Alle die Tatsachen, die heute in der Theosophie mitgeteilt werden, würden von auch noch so sehr Ausgebildeten und Vorgeschrittenen nicht gesehen werden können, wenn man nicht vorher davon erfahren hätte. Weil dem so ist, weil man sich verbinden muß mit dem, was schon erforscht ist, deshalb mußte auch die theosophische Bewegung in dieser Form begründet werden.

Es wird in verhältnismäßig kurzer Zeit viele Menschen geben, die hellsehend sein werden; diese würden nur Wesenloses, aber nicht die Wahrheit in der geistigen Welt schauen können, weil sie nicht das Wichtige, das schon erforscht ist in der geistigen Welt, sehen könnten. Erst muß man diese Wahrheiten, wie sie die Theosophie gibt, lernen, dann erst kann man sie wahrnehmen. Also selbst der Hellseher muß erst das lernen, was schon erforscht ist, und dann kann er bei gewissenhafter Schulung die Tatsachen selbst schauen. Man kann sagen: Befruchten nur einmal, für ein erstes Sehen, die göttlichen Wesenheiten eine Menschenseele, und hat diese einmalige, jungfräuliche Befruchtung sich vollzogen, dann ist es notwendig für die andern, den Blick erst auf das zu richten, was sich diese erste Menschenseele erworben hat, um ein Anrecht zu haben, sich ein gleiches zu erwerben und es zu schauen. - Dieses Gesetz begründet zuinnerst eine universelle Brüderlichkeit, eine wahre

Menschenbruderschaft. Von Epoche zu Epoche ist so das Weisheitsgut durch die okkulten Schulen gewandert und von den Meistern treulich aufbewahrt worden. Und auch wir müssen diesen Schatz tragen helfen und Brüderlichkeit halten mit denen, die schon etwas erreicht haben, wenn wir hinauskommen wollen in die höheren Gebiete der geistigen Welt. Das, was als moralisches Gesetz auf dem physischen Plan angestrebt wird, das ist also ein Naturgesetz der geistigen, der spirituellen Welt." (Rudolf Steiner, GA 264, S. 350ff)

"Die Rettung der Menschheit von einer nach abwärts gehenden Entwickelungsbahn liegt lediglich in der Hinwendung dieser Menschheit zu einer Offenbarung, die hervorgeht aus demjenigen, was nur erschaut werden kann durch geistige Erkenntnis. Mögen von dieser oder jener Seite her noch soviel gefühlsmäßige oder logische Einwände gemacht werden, möge gesagt werden, daß es für unsere Zeit schwierig sein wird, daß größere Kreise solche Erkenntnisse annehmen, die zunächst doch nur hervorgehen können von einzelnen wenigen, die sich bis zu einem hohen Grade in die Möglichkeit versetzen, in die geistige Welt hineinzuschauen: das alles, was an solchen Einwendungen sogar scheinbar berechtigterweise kommen kann, will ja gar nichts besagen gegenüber der laut sprechenden Tatsache, daß ohne Annahme dessen, was hier anthroposophisch orientierte Geisteswissenschaft benannt wird, die Kultur der Menschheit in den Abgrund versinken muß, die Erdenarbeit Mächten zufallen muß, die ihre Weiterentwickelung im Weltall nicht mit der Menschheit verknüpfen werden. Es wird nicht anders gehen, als daß, wenn der Menschheit nach dieser Richtung Heil widerfahren soll, eine genügend große Anzahl von Menschen sich durchdringt mit dem, was eben versucht worden ist zu sagen." (Rudolf Steiner, GA 195, S. 44)

Autobiographische Notiz:

Michael Heinen-Anders wurde am 25.02.1960 in Köln geboren. Er studierte an der Bergischen Universität Wuppertal Wirtschafts- und Sozialwissenschaften.
1989 schloss er das Studium als Diplom-Ökonom ab.
Michael Heinen-Anders trat 1994 der Anthroposophischen Gesellschaft, Zweig Köln, bei.
Seit 2012 ist er gleichfalls Mitglied der Freien Hochschule für Geisteswissenschaft.
Er veröffentlichte zahlreiche literarische, essayistische und wissenschaftliche Schriften, darunter „Aus anthroposophischen Zusammenhängen", BoD, Norderstedt 2010 und „Aus anthroposophischen Zusammenhängen Band II", BoD, Norderstedt 2018.
Michael Heinen-Anders lebt in Köln, ist geschieden und hat zwei erwachsene Töchter.